EXERCICES
et ACTIVITÉS
pour les
8-9
ans

Ce livre appartient à

Cherche la solution de chaque exercice dans le carré et colorie la case en rouge pour une addition et en jaune pour une soustraction.

312 + 614
444 + 389
926 - 518
127 + 630
509 + 89
420 - 270
735 - 416
123 + 321
635 + 329
188 + 740

374 - 206
226 + 401
571 + 202
680 + 145
700 - 368
107 + 406
466 - 170
511 - 403
628 + 109
810 - 568

104 + 119
568 + 73
376 + 376
460 - 280
155 + 266

928	918	773	200	737	740	757
950	296	291	180	711	319	800
833	840	964	181	926	320	641
243	242	959	150	149	332	589
752	700	925	801	421	223	598
725	408	418	108	100	168	160
627	428	223	79	444	555	513

**Résous l'opération dans chaque case.
Chaque fois que la solution se trouve
dans la table de 3 ou de 8, colorie la case.**

27 : 9 = ...	4 x 5 = ...	10 x 7 = ...	18 : 9 = ...	64 : 8 =...
20 : 10 =...	2 x 6 = ...	49 : 7 = ...	10 x 4 = ...	20 : 5 = ...
30 : 6 = ...	5 x 7 = ...	4 x 4 = ...	42 : 6 = ...	7 x 6 = ...
1 x 4 = ...	2 x 9 = ...	70 : 7 = ...	36 : 6 = ...	40 : 8 = ...
32 : 4 = ...	7 x 4 = ...	10 x 10 = ...	21 : 3 = ...	72 : 8 = ...

Résous les multiplications suivantes.

1 x 1 = ...

2 x 2 = ...

3 x 3 = ...

4 x 4 = ...

5 x 5 = ...

6 x 6 = ...

7 x 7 = ...

8 x 8 = ...

9 x 9 = ...

10 x 10 = ...

Quel mot n'appartient pas à la rangée ?
Barre ce mot.

éléphant	girafe	chat	lion	panthère
villa	appartement	château	chalet	péniche
trompette	violon	guitare	piano	harpe
ananas	citron	carotte	banane	kiwi
madame	paysanne	boulanger	reine	infirmière
vélo	voiture	moto	camion	autobus
gant	bonnet	écharpe	bottes	bikini
cheveu	ongles	nez	trompe	cils
hennir	aboyer	marcher	crier	miauler
oncle	tante	voisin	cousine	grand-mère
glace	cake	biscuit	tarte	gâteau
note	sol	la	si	do
chaise	banc	fauteuil	tabouret	table
Belgique	Bruxelles	Espagne	Italie	France
grenier	cuisine	balcon	garage	hall

Relie chaque opération à la solution correspondante.

650 - 7 ∘   ∘ 636

630 + 6 ∘   ∘ 650

610 + 30 ∘   ∘ 643

671 - 21 ∘   ∘ 640

430 - 1 ∘   ∘ 430

399 + 31 ∘   ∘ 441

380 + 60 ∘   ∘ 429

455 - 14 ∘   ∘ 440

778 + 32 ∘   ∘ 801

800 + 1 ∘   ∘ 800

862 - 62 ∘   ∘ 805

817 - 12 ∘   ∘ 810

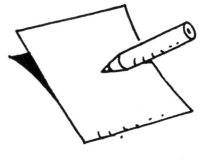

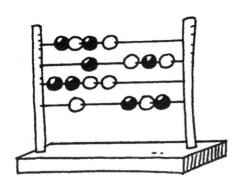

180 + 70 ∘   ∘ 219

204 + 15 ∘   ∘ 269

272 - 3 ∘   ∘ 250

285 - 25 ∘   ∘ 260

La jeune sorcière Tao a fait quelques erreurs en créant des animaux.
Les têtes et les queues se sont mélangées.
Aide Tao à reconstituer les animaux en entier.
Sépare d'abord les mots en 2 parties et
associe ensuite les parties qui correspondent.

- élémeau
- cophant
- crocophin
- gitue
- vaseau
- dauchon
- torrafe
- oinouille
- gredile
- chache

..........-..........   ....

..........-..........   ....

..........-..........   ....

..........-..........   ....

..........-..........   ....

..........-..........   ....

..........-..........   ....

..........-..........   ....

..........-..........   ....

..........-..........   ....

Choisis pour chaque phrase la bonne solution. Entoure a, b ou c.

1. Nous roulons à vélo :
   a. à gauche du chemin.
   b. au milieu du chemin.
   c. à droite du chemin.

2. Quand nous traversons la rue, nous le faisons:
   a. sur le passage pour piétons.
   b. à 1 mètre à gauche du passage pour piétons.
   c. à 1 mètre à droite du passage pour piétons.

3. Quand nous roulons tranquillement à vélo et que le feu passe à l'orange, nous :
   a. continuons tranquillement notre route.
   b. nous arrêtons.
   c. pouvons nous arrêter mais ce n'est pas nécessaire.

4. Quand nous traversons une rue, nous le faisons de la manière suivante :
   a. nous la traversons en oblique.
   b. nous la traversons à moitié puis nous nous promenons un peu plus loin. Ensuite nous continuons à la traverser.
   c. nous traversons droit devant nous.

4. Quand nous roulons le soir à vélo, nous avons besoin de ce qui suit :
   a. seulement des catadioptres.
   b. des catadioptres et un phare avant et arrière.
   c. seulement un phare avant et arrière.

Inscris le bon signe entre chacune des 2 opérations.
Tu peux choisir entre =, < ou >.

- 4 x 7 .... 3 x 9
- 8 x 2 .... 4 x 4
- 36 : 6 .... 2 x 3
- 63 : 9 .... 64 : 8
- 3 x 7 .... 2 x 10
- 3 x 6 .... 4 x 5
- 8 x 5 .... 10 x 4
- 72 : 8 .... 3 x 3
- 35 : 7 .... 32 : 8
- 5 x 2 .... 90 : 9
- 8 x 6 .... 7 x 7
- 8 x 8 .... 7 x 9
- 30 : 6 .... 28 : 7
- 4 x 9 .... 5 x 7
- 7 x 0 .... 7 : 7
- 10 x 8 .... 9 x 9
- 3 x 4 .... 6 x 2
- 5 x 5 .... 3 x 8
- 56 : 8 .... 56 : 7
- 20 : 5 .... 16 : 4

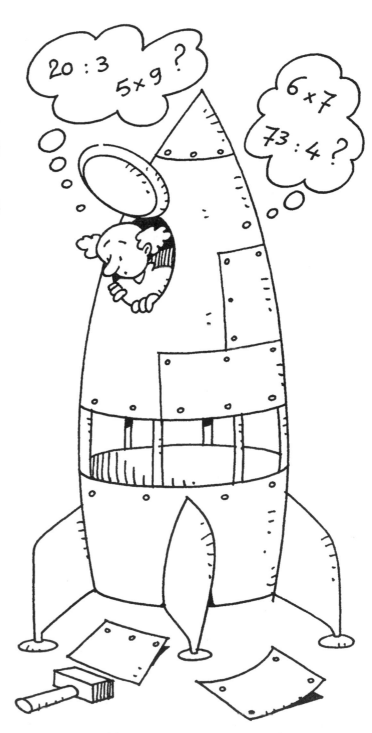

Remets ces mots dans le bon ordre afin de former une phrase correcte. Il faut à chaque fois utiliser tous les mots.

1. lundi/ boulanger/ tartes/ chaque/ vend/ des/ le

....

2. bois/ des/ sauvages/dans/ il/ animaux/ le/ y/ a

....

3. cirque/ il/ a/ jongleurs/ au/ y/ des

....

4. canal/ long/ nous/le/ vélo/ à/ du /allons

....

5. avec/ je/ six/quilles/ balle/ la/ renverse

....

6. nous/ souvent/ pique-niquer/ beau/ il/ fait/ été/ en/ quand/ allons

....

7. mercredi/ achats/ maman/ vont/ grand-mère/ faire/ dans/ magasins/ les/ et/ des/ grands.

....

8. jardin/ dans/ pain/ du/ picorer/ viennent/ oiseaux/ différents/ le

....

9. balançoire/ Alain/ tomba/ de/ la/ fractura/ le/ bras/ il/ se/ lorsque

....

10. lorsque/ les/ bateaux/ le/ soleil/ lève/ se/ de/ pêcheurs/ port/ du/ partent

....

Complète les cases avec les mots adéquats.
Regarde bien l'exemple, cela t'aidera.

Exemple rouge	couleurs	jaune bleu
voiture		moto bateau
		rose lis
	meubles	
	animaux domestiques	
Julie		
		sol do
poupée		
	bâtiments	
Belgique		
	saisons	

Peux-tu inscrire les bons numéros
dans les fenêtres de chaque immeuble ?
Par étage, le total de toutes les opérations
doit être le même que le nombre sur le toit.

**Écris la lettre de la saison correspondante
dans le cercle à coté de chaque phrase.**

ÉTÉ = E   AUTOMNE = A
HIVER = H   PRINTEMPS = P

1. Maman est couchée sur la plage en bikini. ◯

2. Les oiseaux font leur nid dans l'arbre. ◯

3. Les tulipes de notre jardin sont rouges. ◯

4. Mon parapluie est cassé à cause du vent qui soufflait très fort. ◯

5. Élise a un coup de soleil. ◯

6. N'oublie pas tes gants quand tu sors dans la rue. ◯

7. Les feuilles tombent des arbres. ◯

8. Les enfants font un bonhomme de neige avec
   une carotte en guise de nez. ◯

9. Les boissons sont à l'ombre du parasol. ◯

10. L'eau de la piscine en plein air est déjà bien chaude. ◯

11. Les fleurs de cet arbre fruitier sont magnifiques. ◯

12. Viens-tu ramasser des marrons avec nous, Hélène ? ◯

13. Il y a 3 œufs dans ce nid d'oiseau. ◯

14. Les enfants patinent sur le lac. ◯

15. La voiture a eu du mal à démarrer ce matin à cause du gel. ◯

16. Grand-mère a glissé sur les feuilles qui sont tombées de l'arbre. ◯

17. Demain, nous accompagnons madame Julie
    au bois pour voir les champignons. ◯

18. Ces petits enfants portent un chapeau pour se protéger du soleil. ◯

19. Dans la prairie, les brebis dormaient à coté des moutons. ◯

20. La neige tapisse la rue, il fait très froid. ◯

Termine la phrase par le nom d'une couleur
qui rime avec le mot souligné.

Je suis assise sur un <u>banc</u> qui venait

d'être repeint en ....

J'ai mis le <u>couvert</u> qui était assorti

avec le mur ....

Dans le zoo se trouvait un <u>fauve</u> qui jouait

avec une balle ....

C'était déjà le <u>soir</u> et il faisait

tout ....

Il s'appelait <u>Victor</u> et il avait une

montre en ....

C'est mieux de voir les <u>choses</u>

en ....

J'aime bien les <u>tapis</u>, mais pas quand

ils sont ....

Au carnaval, les cheveux de <u>Mathieu</u>

étaient teints en ....

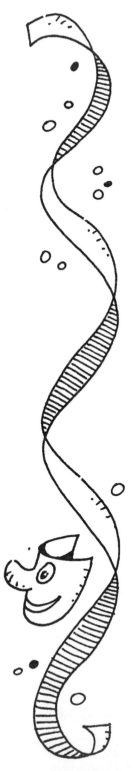

Résous les mots croisés ci-dessous.

Horizontalement :
1. métier lié à l'aviation.
2. racine rose comestible.
3. fruit que l'on voit beaucoup pendant la fête d'Halloween.
4. plante aquatique.
5. salle de séjour.
6. nourriture que l'on prend à certaines heures.

Verticalement :
7. est à la tête de l'église catholique.
8. mammifère rose.
9. oiseau magnifique à longue queue.
10. drapeau de troupe.
11. sonne le matin.
12. petit animal qui a peur des chats.

Dessine les aiguilles à la bonne place.

onze heures dix

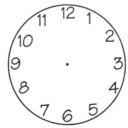

quatre heures vingt

sept heures
moins quart

huit heures
moins cinq

deux heures
vingt-cinq

midi
moins dix

Sais-tu déjà lire l'heure ?
Inscris l'heure exacte sous chaque horloge.

....

....

....

....

....

....

Durant la leçon de gymnastique, le professeur va avec
ses élèves à la cour de récréation pour y faire un tour du monde
sur divers jeux. Le professeur de gymnastique montre tous
les exercices et obtient le maximum de points. Les enfants
regardent et calculent le nombre de points à gagner.
À chaque jeu, tu commences automatiquement à 10 points.
Ensuite tu peux ajouter toutes les données.

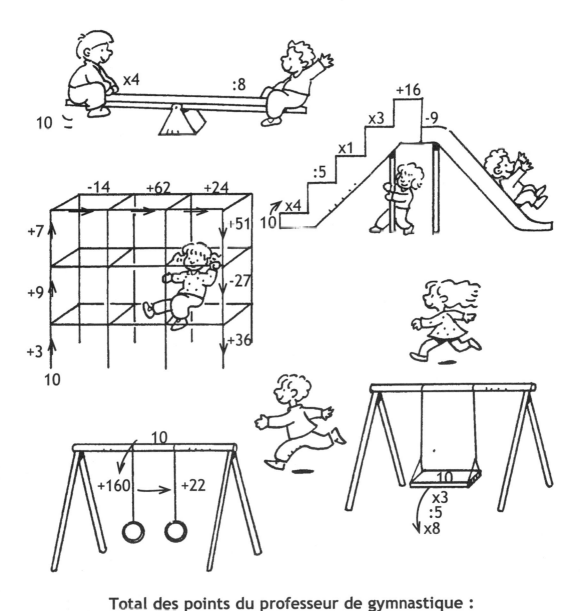

Total des points du professeur de gymnastique :

.............+............+............+............+............=............

Inscris l'heure indiquée dans la première et
la dernière horloge et mets les autres horloges à l'heure.
Dessine les aiguilles à l'endroit adéquat
en tenant compte de l'horloge précédente.
Si tu as bien dessiné toutes les aiguilles, l'heure
de la dernière horloge correspondra à l'heure indiquée.

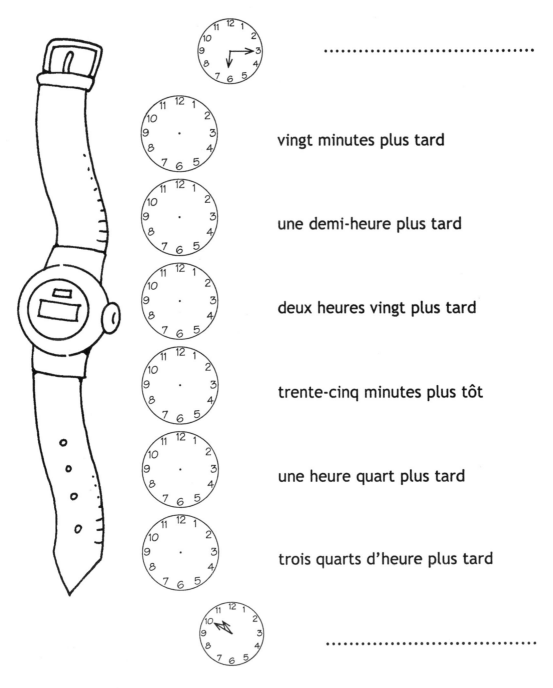

vingt minutes plus tard

une demi-heure plus tard

deux heures vingt plus tard

trente-cinq minutes plus tôt

une heure quart plus tard

trois quarts d'heure plus tard

Cherche pour chaque animal 2 mots qui ont un rapport avec lui et donne aux cases le même ornement.

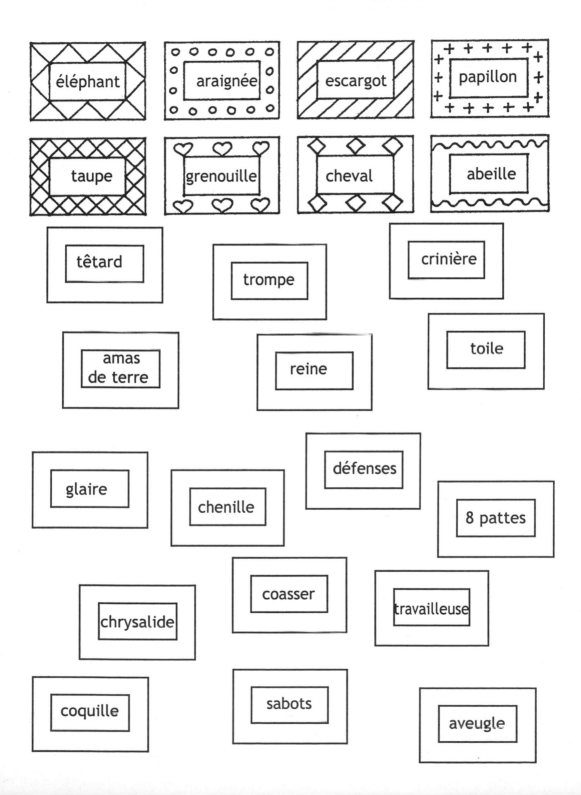

éléphant

araignée

escargot

papillon

taupe

grenouille

cheval

abeille

têtard

trompe

crinière

amas de terre

reine

toile

glaire

chenille

défenses

8 pattes

coasser

travailleuse

chrysalide

coquille

sabots

aveugle

**Souligne le verbe dans chaque phrase et remplace-le
par un autre verbe qui convient également.
Écris cette nouvelle phrase.**

Exemple : Je vais au bal.
Je danse au bal.

• Grand-mère marche chaque jour.

....

• Nous chantons 1 heure par jour.

....

• Le plombier répare la baignoire dans la salle de bain.

....

• Maman cuit une tarte aux pommes chaque semaine.

....

• Les garçons jouent dans la grande prairie.

....

• À la fête, les gens les plus âgés dansent.

....

• Maman repasse chaque samedi les chemises de papa.

....

• Le petit bambin dessine sur le sol.

....

• Grand-père peint les grands bacs à fleurs.

....

• Valérie nettoie sa chambre.

....

**Inscris à la fin de chaque phrase l'opération
qu'il faut effectuer pour obtenir la solution.
Tu as le choix entre +, -, : et x.**

1. Dans ma tirelire il y a 64 francs et je reçois 180 francs de grand-mère. Combien d'argent y a-t-il ?

2. Alain a 72 billes qu'il veut distribuer entre ses 8 amis. Combien de billes reçoivent-ils chacun ?

3. Dans le bocal de notre classe il y avait 18 poissons. 7 poissons sont morts. Combien de poissons sont encore en vie ?

4. Dans le sac il y a 17 pommes et dans le panier il y en a 15. Combien de pommes y a-t-il en tout ?

5. J'ai pris 24 puis 12 photos pendant les vacances. Combien de photos ai-je prises en tout ?

6. Luc donne 2 bonbons de son sachet de 10 à Sandra. Combien de bonbons lui reste-t-il ?

7. En classe nous avons 81 livres. Combien de livres chaque élève d'un groupe de 9 peut-il emporter ?

8. Chaque semaine, Henri reçoit 10 francs de son père. Combien reçoit-il par mois ?

Dessine une poupée avec les blocs ci-dessous.
Chaque bloc ne peut être utilisé qu'une seule fois.
Si tu comptes les carreaux, cela te sera plus facile.

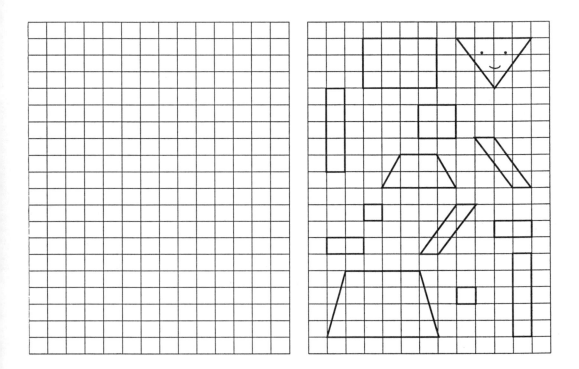

Dessine maintenant un animal.
Ici aussi tu ne peux utiliser les blocs qu'une seule fois.

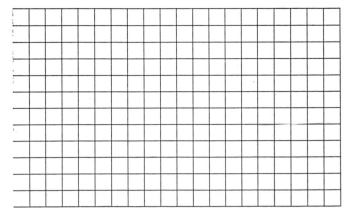

Essaye de résoudre les multiplications et les divisions ci-dessous.
Inscris dans la deuxième colonne le résultat de chaque
opération et invente un exercice qui donne
le même résultat dans la troisième colonne.

4 x 10 =	....	= .... X ....
5 x 6 =	....	= .... X ....
8 x 3 =	....	= .... X ....
2 x 6 =	....	= .... X ....
9 x 1 =	....	= .... X ....
4 x 4 =	....	= .... X ....
1 x 8 =	....	= .... X ....
5 x 4 =	....	= .... X ....
2 x 2 =	....	= .... X ....
2 x 9 =	....	= .... X ....

4 0 2 1 3

36 : 4 =	....	= .... : ....
100 : 10 =	....	= .... : ....
32 : 8 =	....	= .... : ....
25 : 5 =	....	= .... : ....
56 : 7 =	....	= .... : ....
12 : 6 =	....	= .... : ....
63 : 9 =	....	= .... : ....
10 : 10 =	....	= .... : ....
21 : 7 =	....	= .... : ....
30 : 5 =	....	= .... : ....

Relie chaque objet à la matière
à partir de laquelle il est fabriqué.

table	○	○	pierre
livre	○	○	carton
chaussure	○	○	or
bougie	○	○	cristal
maison	○	○	ivoire
fenêtre	○	○	laine
chapeau de paille	○	○	soie
chandail	○	○	bois
le service	○	○	papier
la boîte	○	○	cuir
l'alliance	○	○	cire
la chaise de jardin	○	○	paille
le vase	○	○	porcelaine
l'écharpe coûteuse	○	○	verre
la statue d'Afrique	○	○	plastique

Indique sous chaque horloge le nom de la ville vers
laquelle se dirige l'avion qui décolle à cette heure-là.

10.15 h	SL 307	LONDRES
11.50 h	KR 788	MADRID
12.35 h	PP 367	AMSTERDAM
13.10 h	LC 123	PARIS
13.15 h	WV 783	MILAN
16.30 h	EM 189	BERLIN
18.20 h	AC 406	VIENNE
21.25 h	HC 812	LISBONNE
21.45 h	DD 704	ATHÈNES
23.40 h	VG 312	ROME

**Cherche dans chaque long mot les petits mots qui s'y cachent.
Inscris dans les ballons les 2 ou 3 mots trouvés.**

Exemple :

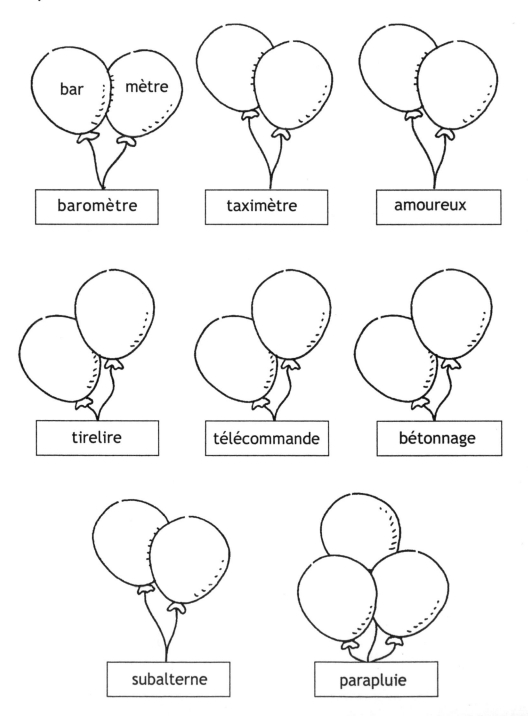

bar : mètre

baromètre

taximètre

amoureux

tirelire

télécommande

bétonnage

subalterne

parapluie

À l'aide des descriptions ci-dessous,
trouve les mots que nous cherchons dans la grille.
Tu peux lire les réponses de haut en bas et de gauche à droite.
Entoure ces mots.

1. Une jolie fleur avec des épines.
2. Un oiseau symbole de sagesse.
3. On y dort.
4. Maison du roi.
5. Moyen de locomotion sans moteur.
6. Vêtement de fille.
7. Pour mieux voir.
8. Le professeur écrit dessus.
9. Pour aller sur la Lune.
10. Animal au long cou.

r	v	e	l	o	b	l	i	t	n
h	s	p	g	i	r	a	f	e	j
i	m	l	f	p	m	j	c	r	u
b	f	u	b	t	n	f	p	f	p
o	c	n	i	a	d	p	g	u	e
u	i	e	h	b	c	a	b	s	p
p	n	t	g	l	q	l	g	e	r
n	h	t	b	e	t	a	d	e	o
u	m	e	l	a	k	i	t	n	s
b	d	s	d	u	q	s	h	l	e

Complète les mots suivants par les lettres manquantes.
Dans la première colonne tu as le choix entre «en» et «an».
Dans la seconde colonne, tu dois chercher les voyelles manquantes.

- enf.........t

- march.........d

- s.........sible

- bal.........ce

- l.........tem.........t

- immigr.........t

- amus.........t

- c.........timètre

- m.........sarde

- p.........dule

- prpl : ....

- clss : ....

- gendrm : ....

- lphnt : ....

- lmc : ....

- pstr : ....

- crtbl : ....

- tbl : ....

- bnc : ....

- cht : ....

**Dans la voiture qui se dirige vers la mer, les enfants de la famille Martin s'amusent à dire les jours de la semaine.
Complète les phrases suivantes :**

1. Si aujourd'hui on est mercredi, avant-hier nous étions ....

2. Si hier on était vendredi, demain nous serons ....

3. Si après-demain on est dimanche, aujourd'hui nous sommes ....

4. Si demain on est samedi, avant-hier nous étions ....

5. Si avant-hier on était mardi, après-demain nous serons ....

6. Si demain on est samedi, hier nous étions ....

7. Si avant-hier on était vendredi, après-demain nous serons ....

8. Si demain on est jeudi, hier nous étions ....

9. Si aujourd'hui on est lundi, après-demain nous serons ....

10. Si après-demain on est vendredi, demain nous serons ....

11. Si hier on était mardi, avant-hier nous étions ....

12. Si aujourd'hui on est mardi, avant-hier nous étions ....

13. Si après-demain on est jeudi, hier nous étions ....

14. Si avant-hier on était dimanche, aujourd'hui nous sommes ....

15. Si après-demain on est lundi, aujourd'hui nous sommes ....

Complète aussi l'exercice suivant :

16. Si hier nous étions mercredi, ... nous serons jeudi.

17. Si demain nous sommes vendredi, ... nous étions mercredi.

18. Si aujourd'hui nous sommes dimanche ....
nous étions vendredi.

19. Si avant-hier nous étions lundi, ... nous serons vendredi.

20. Si hier nous étions samedi, ... nous serons lundi.

Au camp, les enfants doivent effectuer diverses tâches pour recevoir leur brevet.
Aide-les à résoudre les conversions et additions suivantes.

1. 1 heure = ... minutes

2. 1 mètre = ... décimètres

3. 1 quart d'heure = ... minutes

4. 10 centimètres = ... décimètre

5. 1000 mètres = ... kilomètre

6. 1 demi-kilomètre = ... mètres

7. 3 quarts d'heure = ... minutes

8. 1 demi-heure = ... minutes

9. 100 centimètres = ... mètre

10. 10 mètres = ... décimètres

1. 1 heure + 1 demi-heure = ... minutes

2. 20 centimètres + 80 centimètres = ... décimètres

3. 10 décimètres + 5 mètres = ... décimètres

4. 16 minutes + 104 minutes = ... heures

5. 3 heures = ... quarts d'heure

6. 50 centilitres + 250 centilitres = ... litres

7. 1 demi-heure + 26 minutes = ... minutes

8. 2 litres + 20 centilitres = ... centilitres

9. 15 centimètres + 4 décimètres = ... centimètres

10. 33 minutes + 87 minutes = ... heures

**Complète chaque phrase avec les mots qui suivent.
Chaque mot peut être employé 2 fois.**

en   après   dans   chez   pour   sur

- Vas-tu chez lui .... visite ?

- Je ne suis pas .... les garçons aux cheveux longs.

- À cause de tous ces mensonges, elle est maintenant

   .... la misère.

- Ne cours pas .... ce garçon.

- Alain va-t-il en vacances .... sa tante ?

- Anne a beaucoup de points .... son bulletin.

- Je vais m'entraîner .... la représentation.

- .... qui vas-tu loger ?

- Elles marchent main .... la main avec madame
  Aline.

- Iras-tu encore cette année .... Corse ?

Peux-tu faire des phrases avec ces six mots ?

1. ....

2. ....

3. ....

4. ....

5. ....

Complète le texte par des mots qui sont tous en rapport avec la famille.

Ceci est la photo de ma famille.

Nous avons un nom de famille amusant. Notre nom est Souris.

Je suis au milieu de la photo et derrière moi il y a ma

....

À côté de maman il y a son mari. C'est mon

....

Son père et sa mère se trouvent à gauche et à droite de mes

....

Ils sont déjà vieux. .... porte une

casquette. Il ne voit plus très bien et porte des lunettes.

.... a fait une permanente à ses

cheveux. Elle trouve cela plus beau.

Ma mère tient Ève dans ses bras. Elle n'a que 5 mois. Nous appelons un

petit enfant un ....

À ma gauche il y a mon .... Son

nom est Jean.

À ma droite il y a encore ma ....

aînée. Son nom est Anne.

Nous sommes trois .... à la maison.

Notre .... est composée de 6

personnes.

Maintenant, vous connaissez toutes les personnes de ma famille.

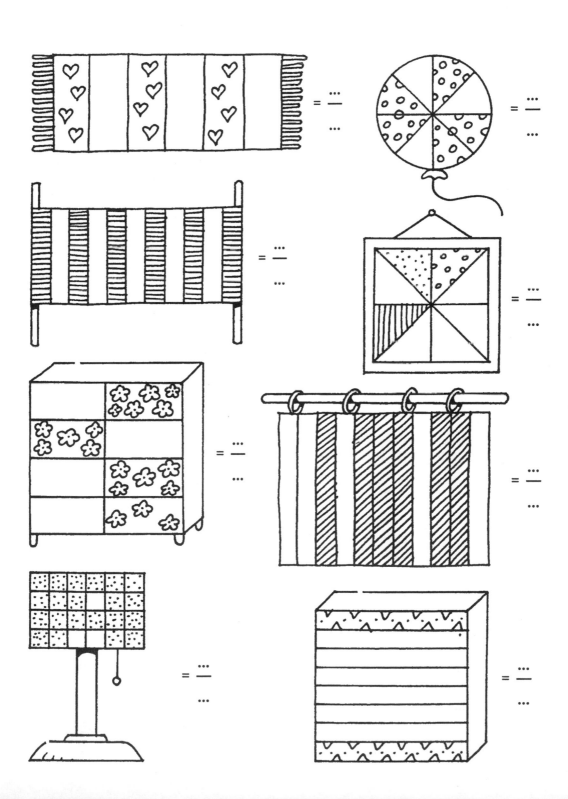

Inscris sous forme de fraction la partie dessinée dans chaque dessin.

**Si tu lis attentivement le texte ci-dessous,
tu trouveras le chemin que ma sœur Catherine doit
prendre pour arriver à la maison de son amie Tina.
Si tu tournes la feuille, tu suivras mieux
le chemin qu'elle doit prendre.**

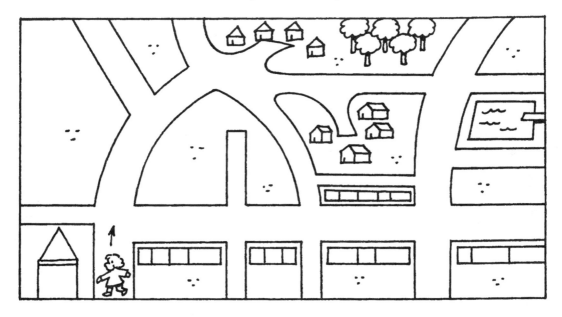

Quand Catherine sort de la maison, elle marche un moment droit devant elle.

Au carrefour suivant, elle tourne à droite. Ensuite elle se promène jusqu'à la deuxième rue latérale côté gauche.

Elle prend cette rue pour tourner immédiatement à droite.

Cette rue est parallèle à la rue pleine de magasins qu'elle a prise avant.

Elle continue jusqu'au bout de cette rue étroite. Là elle doit choisir : tourner à droite ou à gauche.

Sur son plan, il est marqué qu'elle doit aller dans la direction de la piscine en plein air.

Juste après la piscine, elle tourne à gauche et se promène le long du parc.

Passé le parc, elle voit à gauche et à droite des rues sans issues.

Dans la rue qui va à droite habite madame Aline, elle y est déjà allée.

Selon le plan, elle doit prendre la rue à gauche.

À la fin de cette rue se trouve le quartier où habite son amie Tina.

Complète chaque mot par 1 lettre de façon
à obtenir un mot existant.
Si tu complètes correctement tous les mots,
tu liras de haut en bas 1 nouveau mot.

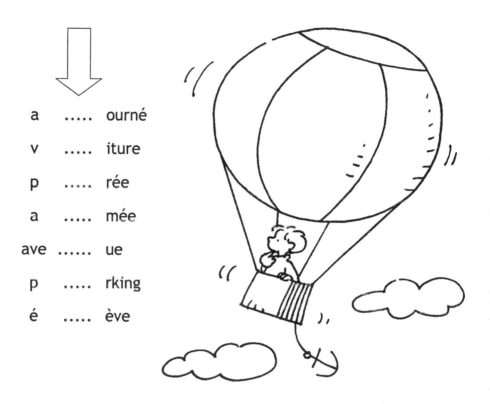

a   .....   ourné

v   .....   iture

p   .....   rée

a   .....   mée

ave   ......   ue

p   .....   rking

é   .....   ève

Relie chaque première partie d'un mot avec la deuxième
partie de façon à obtenir 10 nouveaux mots.

pré	sol		pré	bole
sub	testation		para	paratoire
pro	gel		anti	hume
anti	alterne		post	cureur
para	scolaire		pro	cipation

**Dans les phrases suivantes, les parties du corps
concernées ne sont pas les bonnes.
Souligne ces mots et cherche la phrase adéquate.
Écris ensuite chaque phrase correctement.**

• Nous pouvons entendre avec nos mains.

....

• L'air arrive enfin dans l'estomac.

....

• Le sang va vers le cœur via les articulations.

....

• La nourriture est amenée vers les poumons.

....

• Nous pensons avec nos artères.

....

• Entre la tête et les jambes se trouve le cerveau.

....

• À nos mains se trouvent les oreilles.

....

• Nous transpirons via nos ongles.

....

• Les cheveux protègent le globe oculaire.

....

• Les bras et les jambes se plient grâce aux pores.

....

À la kermesse de notre ville se trouve une roue magique.
On peut choisir trois fois un autre chiffre de départ
compris entre 1 et 5. Quand tu auras terminé toutes
les opérations, tu pourras indiquer le nombre final.
Sais-tu ce qu'il y a de tellement spécial à cette roue ?

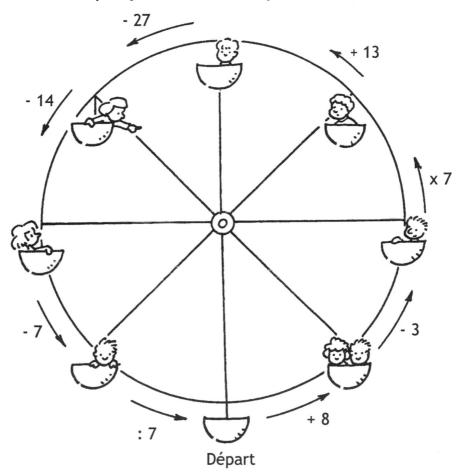

Chiffre de départ = ...
Chiffre final   = ...

Chiffre de départ = ...
Chiffre final   = ...

Chiffre de départ = ...
Chiffre final   = ...

Cherche les mots qui se cachent dans les phrases.
Inscris-les ensuite dans la colonne de droite.

Exemple : J'ai mal au ventre.   vent

1. J'adore manger des champignons.   ....

2. Napoléon a perdu la bataille de Waterloo.   ....

3. J'aperçois au loin le phare.   ....

4. J'aime me promener sur la digue.   ....

5. Je devrais porter les paquets.   ....

6. Je ne vois pas sans mes lunettes.   ....

7. J'ai rencontré un faussaire.   ....

8. J'habite dans le faubourg voisin.   ....

9. Il a fait la trouvaille du siècle.   ....

10. Nous avons acheté des asperges.   ....

Inscris l'heure exacte à coté de chaque horloge.
Avance les aiguilles de l'autre horloge d'une demi-heure.

....

....

....

....

....

....

....

Le cuisinier du restaurant ' Les Bons Enfants '
veut composer 2 nouveaux menus.
Aide-le à choisir les entrées, les plats consistants et les desserts.
Le prix de chaque menu ne peut dépasser 550 francs.
Il ne veut pas que l'on serve 2 fois le même plat.

Entrées :
- Soupe de poisson   110 francs
- Soupe au cerfeuil   210 francs
- Salade variée   190 francs
- Croquettes aux crevettes 135 francs
- Croquettes au fromage   130 francs

Plats consistants :
- Saumon aux tomates   275 francs
- Cabillaud et salade   260 francs
- Saucisses compote   225 francs
- Poulet à l'ananas   250 francs
- Steak aux poivres   375 francs

Desserts :
- Glace   75 francs
- Tarte chaude   150 francs
- Macédoine de fruits   125 francs
- Sorbet   95 francs
- Café et biscuits   110 francs

menu 1		menu 2	
....	....	....	....
....	....	....	....
....	....	....	....
	....		....

Complète les phrases par le mot qui correspond.
Si tu éprouves des difficultés à trouver le mot
adéquat, tu peux consulter la grille du dessous.
Chaque mot ne s'utilise qu'une fois.

1. Ce jour est aussi celui du repos. ....

2. Il n'y a qu'un mois avec trois lettres. ....

3. Cette saison est plutôt froide. ....

4. L'année commence par ce mois. ....

5. La semaine débute par ce jour. ....

6. Sais-tu en quel mois arrive saint Nicolas ? ....

7. Beaucoup d'enfants ne passent que la moitié
de cette journée à l'école. ....

8. Ce mois a le moins de jours. ....

9. Ce mois commence par la première lettre
de l'alphabet. ....

10. Beaucoup de personnes avec des enfants
vont en vacances pendant cette saison. ....

11. L'année scolaire débute durant ce mois. ....

12. Le dernier jour d'une semaine d'école. ....

13. La saison où les feuilles et les fleurs fleurissent ....
à nouveau.

14. Le dixième mois de l'année. ....

15. Le premier jour du week-end. ....

février	hiver	septembre	dimanche	printemps
mercredi	octobre	mai	été	lundi
samedi	janvier	avril	vendredi	décembre

Choisis la phrase adéquate parmi les trois possibilités proposées.

C'est agréable que tu puisses venir ....
1. au rapport.
2. à la fête.
3. dans l'horloge.

Nous partons avec toute la famille ....
1. à la mer.
2. à l'arbre.
3. sur le chien.

Grand-mère est venue ....
1. demain.
2. la semaine prochaine.
3. hier.

Au soleil il fait si chaud que : ....
1. les enfants mettent un bonnet.
2. l'eau refroidit.
3. les fleurs fanent dans les pots.

En classe il faut faire le nécessaire pour ....
1. aller dormir.
2. obtenir de bons résultats.
3. manger des tartines.

Quand tu traverses la rue, ...
1. tu dois regarder à gauche et à droite.
2. tu dois laisser ton vélo.
3. tu ne peux pas manger.

Je m'endors ....
1. de la belle photo.
2. de fatigue.
3. du professeur.

Inscris la fraction correspondant aux lettres entourées dans les mots qui suivent :

Exemple : l a [m p e] = $\frac{3}{5}$

c h [a m] p i g n [o n] = ___

t o ⟨u⟩ r s = ___

(c) r o (c u) s = ___

n a (p p) e (r o) n s = ___

o ⟨c⟩ c a ⟨s⟩ i o n ⟨n⟩ e r = ___

r (o) s (e) = ___

b a [t] a i l l o n = ___

p h o (t) o g r (a) p h e = ___

[c a l e n d r i e r] = ___

l (e) c t (u r e) = ___

Quel service de secours dois-tu prévenir ?
Inscris la lettre adéquate dans le petit gyrophare.

G = Gendarmerie ou police   P = Pompier
A = Ambulance   C = Centre antipoison

1. Pierre a bu du produit de vaisselle.

2. Il y a un nid de guêpes dans notre grenier.

3. La voiture a renversé un cycliste.

4. La dame âgée est tombée sur le seuil de sa maison.

5. J'entends une personne qui essaye de rentrer
   dans la maison.

6. Mon vélo a été volé à la gare.

7. Les deux bambins ont avalé des baies toxiques
   dans le jardin.

8. Jean est tombé du grand arbre.

9. La friteuse a pris feu.

10. L'ivrogne a incendié son lit avec une cigarette.

11. Maman s'est brûlée la main avec le fer à repasser.

12. Jérôme pensait que la bouteille d'essence contenait
    de la limonade.

13. Il y a deux hommes qui se battent dans la rue.

14. C'était la faute des garçons qui avaient joué
    dans le bois avec des allumettes.

15. La collision a fait beaucoup de blessés.

Complète les phrases par les lettres l ou ll, c ou cc.

1. L'a.....ueil dans cet hôtel est très cha.....eureux.

2. Il travai.....e en vi.....e.

3. Après un tour en voi.....ier, on a mangé une noix de co.....o.

4. Dès qu'il en a l'o.....asion, il travai..... dur.

5. La co.....inelle est sur la fleur rouge.

6. L'abei.....e est dans le pot de miel.

7. La gri.....e de la maison protège des vo.....eurs.

8. Assis sur un banc d'é.....ole, il pense au con.....erto qu'il a

   entendu hier soir.

9. L'é.....ureuil a pris peur et s'est enfui à cause de l'é.....ho.

10. Ma cou.....eur préférée est le vert.

Dessine les scènes décrites dans les phrases 5, 6 et 7.
Lis les phrases attentivement et dessine ce que tu lis.

Complète le puzzle de calculs ci-dessous en plaçant les nombres au bon endroit. Quand tu auras tout calculé, il te restera à faire l'exercice avec les chiffres en italique dans les cases. Quelle réponse obtiens-tu si tu inscris dans chaque case au bas de la page à quoi correspond chaque nombre en italique ?

A	−	B	:	C	=	*1*
−		+		x		+
D	+	*3*	−	4	=	8
+		−		−		x
	+	10	:	E	=	*4*
=		=		=		=
	+		−	*2*	=	36

A. 8 enfants reçoivent chacun 3 crayons d'une boîte. Combien de crayons y avait-il dans la boîte ?

B. 6 garçons et 6 filles vont ensemble au cinéma. Combien de billets doivent-ils acheter ?

C. 1, 2, ..., partez !

D. 200 friandises sont distribuées dans 20 sachets. Combien de friandises y a-t-il dans chaque sachet ?

E. 3 garçons et deux fois autant de filles de la classe vont faire de la gymnastique avec le professeur. Combien sont-ils dans le gymnase ?

1	:	*2*	+	*3*	-	*4*	=	?
	:		+		-		=	

**Peux-tu résoudre les devinettes suivantes ?
Si tu lis attentivement, tu trouveras déjà
une partie de la solution dans la phrase.**

Avec cet objet, tu te protèges de la pluie.

. . . .

Il te protège de la foudre lorsque gronde le tonnerre.

. . . .

Le brocanteur y va tous les dimanches matins.

. . . .

C'est un moyen de locomotion plus grand
qu'une auto.

. . . .

Je ne le laisse pas sous la table, mais je le
prends avec moi tous les jours à l'école.

. . . .

Il travaille dans un bar.

. . . .

Se dit de quelque chose qui pourrit.

. . . .

Remplace les mots écrits en gras par leur contraire.
Tu peux choisir parmi les mots ci-dessous.

honnête   impoli   avare
doux   négligence   abondant
joyeux   moderne   ennuyeux   tendu

L'homme malade reçoit un **maigre** repas.

....

Cette robe de mariée est très **démodée.**

....

Cette année nous avons eu un hiver **rigoureux.**

....

J'aime lire un livre **captivant.**

....

La fin de ce film m'a rendu **triste.**

....

Tu as été **poli** avec le professeur.

....

Le gagnant du lotto a été très **généreux.**

....

J'étais **calme** au début des tests.

....

Ses devoirs sont toujours faits avec **minutie.**

....

Grand-mère est **tricheuse** lorsqu'elle joue aux cartes.

....

Résous d'abord tous les calculs.
Écris ensuite à côté de chaque ligne la lettre de la solution
demandée. Si tu trouves toutes les réponses, tu trouveras
de haut en bas un nouveau mot.

8 x 10   = ...   la quatrième lettre   = ...

2 x 150   = ...   la troisième lettre   = ...

4 x 200   = ...   la deuxième lettre   = ...

2 + 2   = ...   la cinquième lettre   = ...

4 + 3   = ...   la deuxième lettre   = ...

2 x 600   = ...   la troisième lettre   = ...

2 x 500   = ...   la troisième lettre   = ...

150 + 50 = ...   la deuxième lettre   = ...

Peux-tu faire un dessin du mot trouvé ?

Relie les lettres de l'alphabet dans le bon ordre.
Emploie une règle pour le faire.

1.
a.
.c

.g
d.
.b

.e
f

2.
r.
q
p.
.u
.t
s
.w
v

Colorie les triangles en rouge.

1.
l.
.k/p

m.

n/q.
.o

r

2.
l.
.h/k

i.
.j

q.
m.
.n

p.
.o

Colorie les rectangles en bleu.

**Inscris sous chaque type de chaussure son nom exact.
Lis les phrases attentivement et écris le numéro
de chaque phrase auprès du dessin correspondant.**

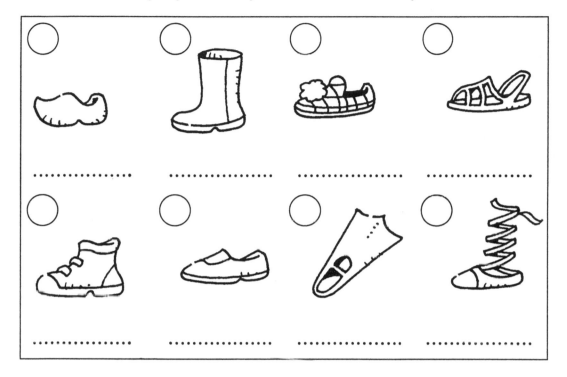

1. En été nous portons souvent ces chaussures.

2. À l'école, tous les enfants en ont pour la gymnastique.

3. Je les porte le soir pour regarder la télévision.

4. La danseuse en a besoin pour la représentation.

5. Le fermier les porte aux pieds pour travailler aux champs.

6. Alain les emporte quand il va se promener en montagne.

7. Le plongeur les met pour mieux nager sous l'eau.

8. Quand tu les as aux pieds, tu peux t'amuser sous la pluie.

En classe les enfants font un tas d'opérations. Quand ils ont trouvé la solution, ils peuvent choisir au tableau quel produit ils vont acheter. Aide-les. Inscris le produit correspondant à coté de chaque chiffre.

lait = 49	1 sachet de violettes=19	beurre = 59
café = 64	eau = 21	vin rouge = 135
kiwi = 7	chocolat = 8	limonade = 43
poulet = 122	petits pains = 6	biscuits = 34
levure = 9	1 sac de carottes = 25	poudre à lessiver = 229
pommes = 31	pain = 52	portion de fromage = 18

	<u>nombre</u>	<u>produit</u>
• 81 : 9 =	....	....
• 350 – 121 =	....	....
• 33 + 89 =	....	....
• 64 – 45 =	....	....
• 274 – 139 =	....	....
• 145 – 75 – 18 =	....	....
• 8 x 8 =	....	....
• 48 : 8 =	....	....
• 13 + 18 + 28 =	....	....
• 418 – 375 =	....	....
• 6 x 5 + 4 =	....	....
• 56 : 8 =	....	....
• 20 : 4 x 5 =	....	....
• 4 x 4 + 5 =	....	....
• 7 x 6 + 7 =	....	....

Quels produits n'ont pas été vendus ?

....

Inscris pour chaque objet le nom du sport pour lequel on l'utilise.
Tu peux chercher les noms dans la liste ci-dessous.

golf	gymnastique	course de voitures	hockey	tennis
ping-pong	badminton	football	volley-ball	basket-ball
plongée	haltérophilie	ski	patinage sur glace	bowling

Relie chaque mot à l'un des quatre goûts.

salé

aigre

doux

amer

○ citron

○ sucre

○ sirop

○ eau de mer

○ bile

○ prune pas mûre

○ jus de réglisse

○ miel

○ limonade

○ poisson séché

○ vinaigre

○ friandise

Lis les phrases avec attention et mets-les dans le bon ordre.
Inscris le numéro de la phrase dans la case correspondante.

1. Élise nage dans la mer pendant que Jean creuse un trou.
2. Le chauffeur vient contrôler les billets.
3. Quand il fait très noir dehors, le feu d'artifice commence.
4. À 20 heures, grand-père et Jean font une promenade sur la digue.
5. Grand-père vient chercher les enfants à la gare.
6. Jean et Élise montent le matin dans le train d'Ostende.
7. Après une journée fatigante et une longue soirée, tout le monde va dormir.
8. Grand-mère est en train de se reposer dans le fauteuil quand ils arrivent.
9. Quand le soleil se couche, ils réunissent leurs affaires de plage.
10. À 14 heures, tout le monde va à la plage.

Cherche à chaque fois un mot qui rime avec ces mots.

église   -   ....

souffrir -   ....

fou   -   ....

soir   -   ....

page   -   ....

sage   -   ....

figue   -   ....

orteil   -   ....

pneu   -   ....

ver   -   ....

Relie chaque mot à la bonne abréviation.

litre ○　　　○ m
mètre ○　　　○ dm
kilo ○　　　○ g
gramme ○　　　○ l
centimètre ○　　　○ mm
décimètre ○　　　○ kg
millimètre ○　　　○ cm
kilomètre ○　　　○ km

Inscris pour chaque phrase le poids, le contenu ou la longueur.
Tu peux choisir dans la grille ci-dessous.

70 kg	30 cm	400 000 km	3 kg	25 m
5 kg	1 cm	1 l	1 kg	6 000 kg

• Un grand sac de pommes de terre　.................................

• La longueur d'une piscine　.................................

• Une bouteille de lait　.................................

• Une règle　.................................

• La distance à la Lune　.................................

• Une grande boîte de sucre en morceaux　.................................

• Le poids d'un nouveau-né　.................................

• La largeur du petit doigt　.................................

• Le poids d'un éléphant　.................................

• Le poids d'un homme　.................................

Inscris l'heure dans les phrases suivantes.

Ⅰ = 1	Ⅲ = 3	Ⅴ = 5	Ⅶ = 7	Ⅸ = 9	Ⅺ = 11
Ⅱ = 2	Ⅳ = 4	Ⅵ = 6	Ⅷ = 8	Ⅹ =10	Ⅻ = 12

1. Papa revient de son travail à la maison à VII heures.

....

2. À IX heures XII, le train part.

....

3. La sonnette retentit à III heures X.

....

4. Le bus s'arrête ici chaque matin à XI heures et VI minutes.

....

5. Le tour en bateau dure environ I heure et IV minutes.

....

6. Le professeur est arrivé à IX heures et VI minutes.

....

Dessine les aiguilles pour chaque montre.

V heures V

VII heures moins X

XI heures et demi

IV heures X

**Résous les additions suivantes et cherche ensuite
la solution dans le carré. Donne à la case comportant
la bonne solution, la couleur demandée.**

$$692 + 308$$
(rouge)
....

$$412 + 239$$
(orange)
....

$$771 + 128$$
(jaune)
....

$$652 + 167$$
(vert)
....

$$432 + 487$$
(jaune)
....

$$268 + 471$$
(bleu)
....

$$186 + 714$$
(mauve)
....

$$589 + 312$$
(brun)
....

$$544 + 211$$
(rouge)
....

$$369 + 529$$
(rouge)
....

$$411 + 327$$
(rouge)
....

$$328 + 321$$
(brun)
....

$$547 + 206$$
(bleu)
....

$$696 + 303$$
(mauve)
....

$$499 + 390$$
(vert)
....

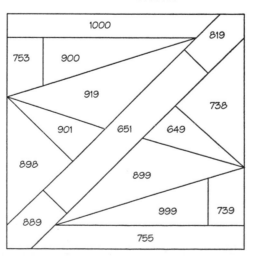

Peux-tu reconnaître ces objets ?
Complète les phrases avec le nom de l'objet qui correspond.

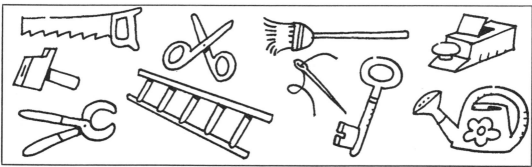

- Nous coupons nos tartines avec un ....
- La fille dessine sur le papier avec un ....
- Le professeur écrit au tableau avec une ....
- La planche en bois est coupée en 2 avec une ....
- Enfonce le clou dans le mur avec un ....
- Papa retourne la terre avec une ....
- Retire le clou du mur avec une ....
- Élise écrit dans son cahier avec un ....
- Je pique ma pomme de terre avec une ....
- Le garçon découpe les images avec des ....
- On nettoie le sol avec un ....
- Maman mange sa soupe avec une ....
- Couds ce bouton avec une fine ....
- La porte est fermée. Prends la ....
- Grand-père égalise la planche grossière avec un ....
- Le fermier cueille les pommes de l'arbre grâce à une ....
- Luc fait un trou dans le mur avec une ....
- L'homme peint la grille avec une ....
- Marie donne de l'eau aux plantes avec un ....
- Tire une ligne droite avec la ....

Complète l'heure pour chaque phrase.
Tu peux choisir entre les heures qui se trouvent ci-dessous.
Chaque heure ne peut servir qu'une seule fois.

23 heures	9 heures	12 heures	minuit	8 heures
18 heures	10 heures	19 heures	16 heures	7 heures

1. Mes petits frères vont dormir. ....heures

2. Jean et Julie partent à pied à l'école. ....heures

3. Maman prépare la soupe pour le dîner. ....heures

4. Papa et maman vont dormir après ce film passionnant. ....heures

5. Après l'école, elle part tout de suite à la leçon de gymnastique. ....heures

6. Le réveil sonne. ....heures

7. Y a-t-il des fantômes ? ....heures

8. Sors le fromage du frigo pour le repas du soir. ....heures

9. Durant la récréation, on peut acheter un gâteau à l'école. ....heures

10. Anne arrive avec une demi-heure de retard à l'école, le matin. ....heures

Peux-tu compléter ce qui suit ?

11 heures du soir   = ... heures

8 heures du soir   = ... heures

4 heures de l'après-midi = ... heures

10 heures du soir   = ... heures

9 heures du soir   = ... heures

Résous les problèmes suivants.
Quand une division est impossible, tu peux colorier la case.

:	2	4	6	8
16				
20				
12				
24				

x	2	4	5	6
7				
5				
3				
9				

x	10	4	7	3
8				
2				
9				
1				

:	3	5	10	4
30				
20				
40				
50				

:	7	8	9	3
56				
21				
72				
24				

**Durant les grandes vacances, Jean et Guy partent avec leur famille.
Aide-les à trouver qui a fait le plus long voyage
et qui a été le plus longtemps sur la route.
Vérifie aussi où ils sont partis en vacances.**

Jean roule en voiture et effectue 212 km en 2 heures. Ensuite il prend le bateau et fait 40 km en 1 heure.
La dernière partie du voyage s'effectue en train, 348 km ont ainsi été parcourus en 3 heures.

Guy roule à vélo et parcourt une distance de 53 km qu'il effectue en 2 heures. À la gare, il prend le train pour faire une distance de 113 km en 1 heure. Le train s'arrête à l'aéroport où Guy prend l'avion. Le trajet dure 1 heure et il parcourt une distance de 541 km. Ensuite il prend encore un taxi pour faire les 128 derniers kilomètres de son voyage. Le taxi roule encore pendant 1 heure.

Jean parcourt .... kilomètres en .... heures

Guy parcourt .... kilomètres en .... heures.

- Qui est parti le plus loin en vacances ?

  ....

- Qui a eu besoin du plus de temps pour parcourir le chemin ?

  ....

**Entoure le lieu où Jean s'est rendu et
souligne le lieu où Guy s'est rendu.**

Paris	320 km	Hambourg	600 km
Milan	835 km	Madrid	970 km
Londres	430 km	Amsterdam	250 km

Résous ces exercices concernant le temps.

1. Complète la rose des vents par les 3 abréviations qui restent.

   N = nord   O = ...

   S = ...   E = ...

2. Relie chaque définition au phénomène météorologique correspondant.

   neige   ○   ○   gouttes de pluie gelées en forme de petits glaçons

   grêle   ○   ○   gouttes de pluie qui tombent des nuages

   brouillard ○   ○   flocons d'eau gelés

   pluie   ○   ○   grosse brume

3. Classe les mots suivants, du moins fort au plus fort.

   ouragan - vent - tempête

   1. ....   2. ....   3. ....

4. Complète les phrases suivantes.

   • Nous employons un thermomètre pour mesurer la ....

   • Beaucoup de personnes ont peur du .... et

     des .... durant la tempête.

   • Quand il y a de la pluie et du soleil, un ....

     se profile parfois à l'horizon.

**Peux-tu retrouver le pays auquel
appartient chacun de ces drapeaux ?
Pour cela remets les lettres en ordre.**

p n o j a	J ....
r è g c e	G ....
n d a c a a	C ....
q u e g i l e b	B ....
n p s g a e e	E ....
e s s u i s	S ....
è e d s u	S ....
c h e t r i a u	A ....
a r m o c	M ....
h e c i n	C ....

La famille Durant joue contre la famille Dubois lors d'un jeu télévisé.
Aide les familles à répondre aux questions en additionnant
les points obtenus à chaque jeu. Tu obtiendras ainsi
le code avec lequel ils peuvent obtenir leurs prix.

Prix : un week-end à Paris   = 820
        une télévision   = 818
        12 bouteilles de vin   = 537
        une voiture   = 345
        un voyage autour du monde   = 357

Famille Durant :

2 fois le nombre de jours de juillet   = ...
5 fois le nombre de roues de 3 vélos   = ...
le nombre de doigts et d'orteils de 10 personnes   = ...
le nombre total de minutes en 8 heures   = ...
le nombre total de 2 caisses de bière de 24 bouteilles   = ...
                                                           +

                                                           ....

Famille Dubois :

le nombre d'heures de 3 journées entières   = ...
le nombre de roues de 9 tricycles et de 6 autos   = ...
le total de 10 boîtes d'une douzaine d'œufs   = ...
le nombre total de pattes de 9 chevaux et 9 poules   = ...
le nombre de mois en 5 années   = ...
                                                           +

                                                           ....

La famille Durant gagne ....

La famille Dubois gagne ....

Résous d'abord les calculs. Inscris ensuite le mot qui
correspond à chacune des solutions. N'emploie pas toutes
les solutions qui se trouvent dans la grille. Enfin, mets
les mots dans le bon ordre pour obtenir une phrase correcte.

la = 634	femme = 658	vieil = 410	pomme = 545	traverse = 420
le = 120	auto = 847	une = 278	homme = 280	étiquette = 716
lui = 14	mange = 28	oreille = 143	cochon = 399	rue = 747

                        solutions   mots

- 520 - 110   = ...

- 300+120   = ...

- 650+97   = ...

- 734-100   = ...

- 90+190   = ...

- 145-25   = ...

phrase 1 : ....

- 500+158   = ...

- 645-100   = ...

- 500-222   = ...

- 734-100   = ...

- 14+14   = ...

phrase 2 : ....

Cherche à chaque fois quatre mots dont
les dernières lettres sont identiques.
La description donnée appartient à l'un des quatre mots.
Tu pourras ainsi compléter les trois autres mots.
Attention, les quatre mots doivent exister !

mout . . . .   mat . . . .

vis . . . .   mal . . . .

coch . . . .   l . . . .

boul . . . .   v . . . .

animal vivant dans   boisson rouge alcoolisée
une porcherie

b . . . .   ch . . . .

s . . . .   p . . . .

v . . . .   f . . . .

p . . . .   m . . . .

petit de la vache   qui n'est pas dur

p . . . .   ph . . . .

t . . . .   m . . . .

j . . . .   g . . . .

f . . . .   t . . . .

vient avant la nuit   on y prend le train

Avec la bouche, le nez, les yeux et les oreilles tu peux faire beaucoup de choses. Note le numéro des actions près des affirmations correspondantes.

1. faire un clin d'œil	...	Inspirer de l'air et l'expirer par la bouche.
2. cligner des yeux	...	Nettoyer son nez.
3. sourire	...	Manger de la glace avec sa langue.
4. éternuer	...	Souffler entre ses lèvres en faisant du bruit.
5. respirer	...	Ouvrir et fermer les yeux rapidement comme lorsqu'on est ébloui par la lumière.
6. embrasser	...	Toucher une personne avec les lèvres pour saluer.
7. se moucher	...	Expulser de l'air par le nez comme quand on renifle du poivre.
8. bâiller	...	Sentir l'odeur avec le nez.
9. lécher	...	Ouvrir et fermer un œil rapidement.
10. renifler	...	Percevoir des sons et des conversations avec les oreilles.
11. écouter	...	Nous le faisons lorsque nous entendons une blague pas si bonne que ça.
12. siffler	...	Quand on est fatigué, on le fait la bouche grande ouverte.

Lis attentivement les phrases suivantes.
Quand cela te paraît normal, colorie le carré en vert.
Quand cela ne te paraît pas normal, colorie le carré en rouge.

☐   1. Ma règle a 2 cm de long.

☐   2. Je lis un livre qui pèse 15 kg.

☐   3. Mon père mesure 1,05 m.

☐   4. Dans cette bouteille, il y a 1 l de limonade.

☐   5. Le garçon de 9 ans pèse 32 kg.

☐   6. Nous apprenons à nager dans une piscine de 25 m.

☐   7. Cette voiture pèse 7 kg.

☐   8. Les cheveux de Sophie ont 2 m de long.

☐   9. La poule pond un œuf de 8 kg.

☐   10. La bouteille de vin fait presque 1 l.

Mesure les lignes suivantes avec une règle.
Indique à côté le nombre de centimètres.

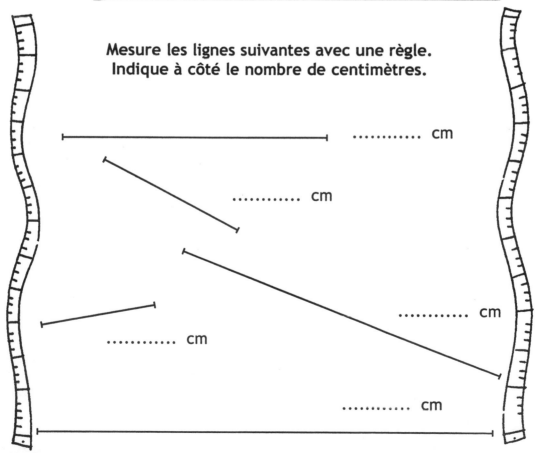

.... cm

.... cm

.... cm

.... cm

.... cm

Relie chaque papillon à la fleur adéquate de façon à ce que les trois groupes de lettres forment un mot. Mets les groupes de lettres dans le bon ordre et inscris les mots trouvés sous chaque fleur.

Dans la grille ci-dessous se trouvent quinze mots
cachés de haut en bas et de gauche à droite.
Cherche ces mots à l'aide du questionnaire.
Ils ont tous un rapport avec les contes de fées.
Entoure les mots dans la grille. Certaines lettres peuvent
être employées deux fois aussi bien dans un mot horizontal
que vertical. Si tu trouves tous les mots, tu verras qu'il
reste 6 lettres. Avec ces lettres, tu découvriras un
personnage qui est présent dans beaucoup de contes.

Attention : la lettre X ne compte pas.

- Le Petit Chaperon rouge est mangé par le ....
- Blanche-Neige habite chez les 7 ....
- À minuit Cendrillon perd sa ....
- La Belle au Bois Dormant a dormi durant 100 ....
- Le Vilain Petit ....
- Hans est enfermé avec .... dans une cage.
- Le loup essaye de rentrer chez les .... chèvres.
- Cendrillon part au bal dans un .... tiré par des chevaux.
- Blanche-Neige mord dans une .... empoisonnée.
- Pinocchio a un long ....
- La .... fait apparaître une robe de bal pour Cendrillon avec
  sa .... magique.
- Ils vécurent encore .... et eurent beaucoup d'enfants.

c	h	a	u	s	s	u	r	e
a	n	s	x	p	o	m	m	e
n	a	i	n	s	c	x	p	f
a	b	a	g	u	e	t	t	e
r	c	a	r	r	o	s	s	e
d	r	x	x	s	x	n	x	x
e	x	g	r	e	t	e	l	i
x	l	o	u	p	x	z	n	x
l	o	n	g	t	e	m	p	s

**Colorie le cercle en vert si la phrase est correcte.
Si elle est fantaisiste, colorie-le en rouge.**

1. L'aigle nage vers l'autre rive du fleuve.

2. Les bambins font 100 km à vélo.

3. Quand tu soustrais 4 de 20 et que tu divises le résultat par 4, tu obtiens 4.

4. Quand le ciel est gris, c'est qu'il y aura du soleil.

5. Les renards vivent le plus souvent dans les bois.

6. Le nouveau-né mesure plus d'1 m.

7. Avril est un mois du printemps.

8. Une tranche de pain, c'est la même chose qu'une tartine.

9. Une semaine compte huit jours.

10. Dans l'annuaire téléphonique, les adresses sont classées par ordre alphabétique.

11. Septembre vient après octobre dans le calendrier.

12. Les coqs pondent chaque jour un œuf.

13. 10 enfants tricotent 10 dm chacun pour obtenir une écharpe d'1 m.

14. La voiture roule à l'essence.

15. Sur la Lune vivent des hommes.

Classe les 10 noms suivants par ordre alphabétique.
Ces noms sont précédés d'un chiffre. Si tu as bien
effectué le classement, la succession de ces chiffres
te donnera le numéro de téléphone que nous devons former.

4. Perrin	025/734.61.89
0. Autissier	072/543.86.19
6. Simon	052/376.41.98
1. Rigot	014/257.39.86
2. Cavada	025/734.16.98
8. Washington	028/753.94.61
7. Martin	082/374.16.98
5. Bormans	052/374.16.98
3. Jacquard	025/163.74.98
9. Van der Kom	046/128.75.39

Ordre alphabétique

1. Autissier   0

2. ....

3. ....

4. ....

5. ....

6. ....

7. ....

8. ....

9. ....

10. ....

Numéro de téléphone : 0 . . / . . . .

Nom : ....

**Mme Aline part en voyage scolaire avec une classe de 20 élèves.
Inscris pour chaque phrase le nombre d'enfants
qui assiste à chaque activité.**

- $\frac{2}{5}$ des enfants vont sur les balançoires.

  =............ enfants.

- $\frac{3}{4}$ des enfants vont à la patinoire.

  =............ enfants.

- $\frac{3}{10}$ des enfants jouent dans le bac à sable.

  =............ enfants.

- $\frac{4}{5}$ des enfants jouent à la marelle avec Mme Aline.

  =............ enfants.

- 1 sur 2 mange une glace.

  =............ enfants.

- $\frac{7}{20}$ des enfants vont nager à la piscine.

  =............ enfants.

- $\frac{5}{5}$ des enfants boivent de la limonade.

  =............ enfants.

- $\frac{1}{4}$ des enfants vont au zoo.

  =............ enfants.

- $\frac{9}{10}$ des enfants visitent le delphinarium.

  =............ enfants.

- $\frac{19}{20}$ des enfants remercient Mme Aline pour la fantastique journée
  passée avec elle.

  =............ enfants.

Relie chaque opération à la solution correspondante.

223 + 12 ∘

403 - 4 ∘

807 + 23 ∘

144 - 31 ∘

∘ 830

∘ 113

∘ 235

∘ 399

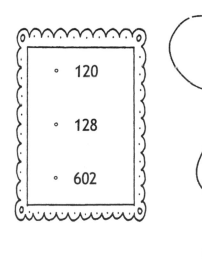

113 + 15 ∘

27 + 93 ∘

620 - 18 ∘

∘ 120

∘ 128

∘ 602

473 - 39 ∘

96 + 122 ∘

595 - 73 ∘

444 + 38 ∘

∘ 218

∘ 522

∘ 482

∘ 434

Connais-tu les mots difficiles qui suivent ? Lis-les avec attention et essaye de les placer face à la bonne définition.

thermomètre   professeur   interview   végétarien   compas

fanfare   perforatrice   fragance   siècle   passager

Le parfum que les femmes emploient.	
Une conversation où l'on pose un tas de questions à une personne pour écrire, par exemple, un article dans un journal.	
Un objet avec lequel on trace des cercles.	
Un groupe de personnes qui font de la musique en se promenant dans les rues.	
Objet grâce auquel on peut connaître la température qu'il fait.	
L'équivalent de 100 ans.	
Une personne qui voyage avec nous en voiture.	
Une personne qui donne cours à l'université.	
Une personne qui ne mange pas de viande.	
Appareil permettant de faire des trous dans les feuilles.	

Résous les problèmes suivants.
Inscris la solution sous chaque problème.

- Élise a reçu 1000 F pour son anniversaire. Elle aimerait acheter 3 bijoux. Aide-la à choisir au magasin de façon à ce qu'elle dépense juste 1000 F.

bague   = 550 F   boucles d'oreilles = 150 F
bracelet = 450 F   broche   = 250 F
chaîne   = 300 F   montre   = 700 F

Que peut-elle acheter ?

- Alain, Guy et Luc suivent chacun un chemin différent pour se rendre à l'école. Cherche qui a suivi le chemin le plus court.
Alain fait 12 m à gauche puis 26 m à droite en passant par l'église. Puis il tourne 3 fois autour du rond-point qui fait 8 m, après quoi il fait encore 16 m pour arriver à l'école.
Guy tourne 5 fois autour de la place de l'église qui fait 7 m. Ensuite il parcourt 63 m tout droit, puis 33 m à gauche.
Luc passe par la piscine qui fait 13 m puis passe par le parc de 26 m. Après quoi il se promène deux fois autour d'un arbre qui fait 6 m et ensuite il fait encore 25 m tout droit.

Alain ....m   Le chemin le plus court est celui de ....
Guy   ....m
Luc   ....m

- Mathilde fête son anniversaire et apporte pour tous les enfants de sa classe 80 autocollants.
Il y a 9 garçons dans la classe qui reçoivent chacun 5 autocollants. Il y a aussi 5 filles dans la classe. Combien d'autocollants reçoivent-elles chacune en supposant qu'elles en reçoivent toutes le même nombre ?

Chaque fille reçoit .... autocollants.

- 4 amis veulent aller ensemble voir un match de football. Ils ont reçu 800 F du père de Pierre. Le prix des places est de 120 F, 250 F, 210 F et 150 F. Les garçons désirent de bonnes places mais désirent aussi rester ensemble.

Quel est le prix des places les plus chères qu'ils peuvent s'offrir ? ....

Combien d'argent leur reste-t-il alors ? ....

**Peux-tu remplacer chaque mot souligné par
un autre mot qui veut dire à peu près la même chose ?
Si tu n'y arrives pas, tu peux choisir dans
la liste de mots au bas de la page.**

1. Ce livre est très <u>coûteux</u>.   ....

2. Il est <u>complètement</u> fou.   ....

3. À l'<u>entracte</u>, j'irai prendre un petit café.   ....

4. Il est <u>extrêmement</u> énervé ces derniers temps.   ....

5. Nous avons mis les <u>ordures</u> dehors hier matin.   ....

6. Fais attention, c'est le document <u>original</u>.   ....

7. Crois-tu qu'on pourra <u>réparer</u> cette machine ?   ....

8. Il est <u>interdit</u> de passer cette barrière.   ....

9. Ce que tu dis est <u>illogique</u>.   ....

10. Ce livre est accompagné de belles <u>illustrations</u>.   ....

11. C'est un <u>idiot</u>.   ....

12. Le mur de la chambre est <u>haut</u>.   ....

13. Mon père est très <u>fragile</u> en ce moment.   ....

14. Le résultat est <u>inexact</u>.   ....

15. Cette loi est <u>favorable</u> à l'émigration.   ....

images	propice	cher	élevé	raccommoder
absurde	intermède	défendu	authentique	sot
très	faux	détritus	délicat	entièrement

Colorie à chaque fois une case de la colonne
de gauche et une case de la colonne de droite dans la même
couleur lorsque la solution des opérations est la même.

407 + 306
126 + 424
358 + 277
135 + 419
757 + 106
342 + 256

417 + 218
546 + 317
144 + 569
227 + 371
360 + 194
310 + 240

488 - 277
527 - 468
611 - 356
820 - 582
901 - 562
714 - 485

860 - 801
743 - 514
400 - 189
555 - 317
500 - 245
602 - 263

Peux-tu lire l'heure sur ces drôles de montres ?
Inscris à chaque fois l'heure exacte sous la montre.

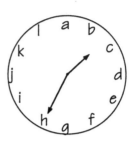

....

....

....

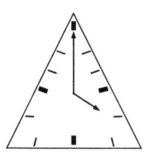

....

....

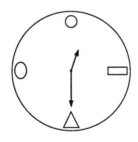

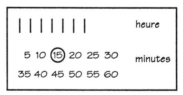

....

....

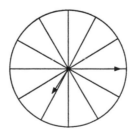

....

**Complète chaque phrase par le bruit ou le cri correspondant.
Conjugue correctement les verbes !**

bourdonner	coasser	chanter	roucouler	siffler
pétiller	bêler	miauler	gazouiller	gronder
aboyer	hennir	caqueter	cliqueter	grogner
sonner	rugir	beugler	braire	bruire

- Dans les bois on entend les feuilles qui ....
- Le chien du voisin .... rarement.
- Les chevaux .... fortement dans leurs écuries.
- Le feu .... dans l'âtre.
- Entends-tu les abeilles .... dans le jardin ?
- Les petits oiseaux ....
- Les clefs .... dans le sac.
- L'âne .... et ne veut plus avancer.
- On entend les cochons .... jusque dans la ferme.
- Le matin, la grenouille .... avec ferveur.
- Les cloches .... toutes les heures.
- Nos poules .... juste avant de pondre un œuf.
- La vache .... dans la montagne.
- Sur la place, il y a un pigeon qui ....
- Dans la savane, le lion .... quand il chasse.
- À six heures, le coq ....
- Au printemps, on entend souvent .... les moutons.
- Le chat .... devant la fenêtre.
- Pendant l'orage, le tonnerre ....
- Le rossignol .... au sommet d'un arbre.

À l'hôpital, les heures de visite ont commencé.
Beaucoup de visiteurs entrent dans les quatre ascenseurs.
Deux ascenseurs ont une charge maximale autorisée de 650 kg
et les deux autres de 400 kg. Si le poids total des personnes
excède les 650 ou 400 kg, l'ascenseur ne démarre pas.

Barre le dessin en rouge si tel est le cas.

Quand le poids total des personnes est inférieur à 650 ou 400 kg,
l'ascenseur peut partir. Entoure alors le dessin en vert.

Ascenseur 1 : 650 kg

Ascenseur 2 : 650 kg

Ascenseur 3 : 400 kg

Ascenseur 4 : 400 kg

Cherche le mot qui correspond aux deux définitions. La première lettre est déjà inscrite, tu n'as donc qu'à compléter le mot.

1. a) Pousse sur les arbres.

   b) On écrit dessus.

   } f ....

2. a) Nom d'une fleur.

   b) Une couleur claire.

   } r ....

3. a) Partie inférieure articulée à l'extrémité de la jambe.

   b) Partie par laquelle un objet repose sur le sol.

   } p ....

4. a) Fait mal au pied.

   b) S'emploie lors de la chasse à courre.

   } c ....

5. a) Matière des arbres.

   b) Espace de terrain couvert d'arbres.

   } b ....

6. a) Légume blanc.

   b) Petit mot gentil.

   } c ....

7. a) Instrument pour observer les étoiles.

   b) Partie du W.-C.

   } l............................

8. a) Carte la plus forte dans de nombreux jeux.

   b) Champion.

   } a ....

Parfois nous employons nos mains pour faire passer un message.
Sais-tu ce que les gestes suivants veulent dire ?
Inscris le numéro du dessin à côté de la phrase correspondante.

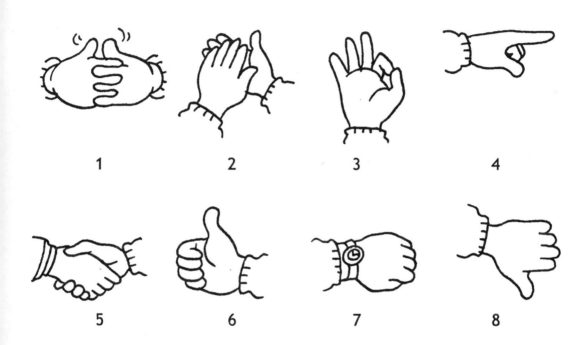

1   2   3   4

5   6   7   8

○   Continuez, c'est par là !

○   Bonjour, comment allez-vous ?

○   Bravo, cela mérite des applaudissements.

○   Cela n'est pas bien de votre part.

○   Je m'ennuie.

○   Tu as obtenu un brillant résultat.

○   Viens, il est vraiment temps de partir.

○   O.K., c'est d'accord, on y va.

**Des enfants partent ensemble en classe de neige.
Cherche les réponses aux questions suivantes.**

Les 24 enfants de la classe vont skier sur des pistes différentes.

La piste A commence à 328 m d'altitude, **la piste B** a 332 m et **la piste C** a 345 m. Les trois terminent à 320 m d'altitude.

1. Quelle est la distance parcourue sur les différentes pistes ?

   • Piste A : ....

   • Piste B : ....

   • Piste C : ....

2. La moitié des enfants skient sur la piste A. Combien sont-ils ?

   ....

3. 1/3 des enfants skient sur la piste B. Combien sont-ils ?

   ....

4. Les autres enfants skient sur la piste C. Combien sont-ils ?

   ....

5. Quelle est la distance parcourue par tous les enfants sur la piste A ?

   ....

6. Quelle est la distance parcourue par tous les enfants sur la piste B ?

   ....

7. Quelle est la distance parcourue par tous les enfants sur la piste C ?

   ....

8. Le soir, toute la classe reçoit un brevet pour la totalité des mètres qui ont été parcourus à skis. Combien de mètres ont été parcourus ?

   ....

Les notes de musique sur cette page ne sont pas seulement représentées pour être jouées au piano. Il y a aussi un message secret à découvrir. À l'aide des notes de musique, on peut déchiffrer les mots. Après chaque trait vertical, il y a un nouveau mot.

À quel groupe appartiennent les animaux suivants ?
Inscris pour chaque animal le début de la lettre de son groupe.

R = rongeurs   R = reptiles
A = amphibiens   C = carnassiers

renard	
marmotte	
iguane	
salamandre	
crocodile	
grenouille	
porc-épic	
souris	
vipère	
lynx	
écureuil	
rat	
lézard	
tortue	
puma	

**Sais-tu où se trouvent ces monuments ou ces places ?
Inscris à côté de chaque dénomination le nom exact
de la ville ou du pays dans lesquels ils se trouvent.**

Amérique	Égypte	Vatican	Londres	Paris
Bruxelles	Allemagne	Moscou	Italie	Hollande

1. La tour Eiffel. ....

2. Les pyramides. ....

3. La tour de Pise. ....

4. La statue de la Liberté. ....

5. Un moulin à vent. ....

6. L'Atomium. ....

7. Big Ben. ....

8. Le mur de Berlin. ....

9. La place Rouge. ....

10. La cathédrale St-Pierre. ....

Barre ce qui n'appartient pas à la rangée.

B	D	M	P	R	a	S	T
d	b	p	b	o	q	b	d
aa	eu	ou	ei	ij	au	oe	ui
e	a	c	i	u	a	o	e
2	3	4	6	8	10	12	14
969	666	999	696	996	866	996	699
k	s	g	e	r	f	p	z
mm	nn	nn	mm	uu	nn	mm	nn
8888	3333	6666	9999	5555	7777	2222	GGGG
a	b	c	d	m	e	f	g

Peux-tu diviser ces nombres par le nombre de fois indiqué par les doigts ?

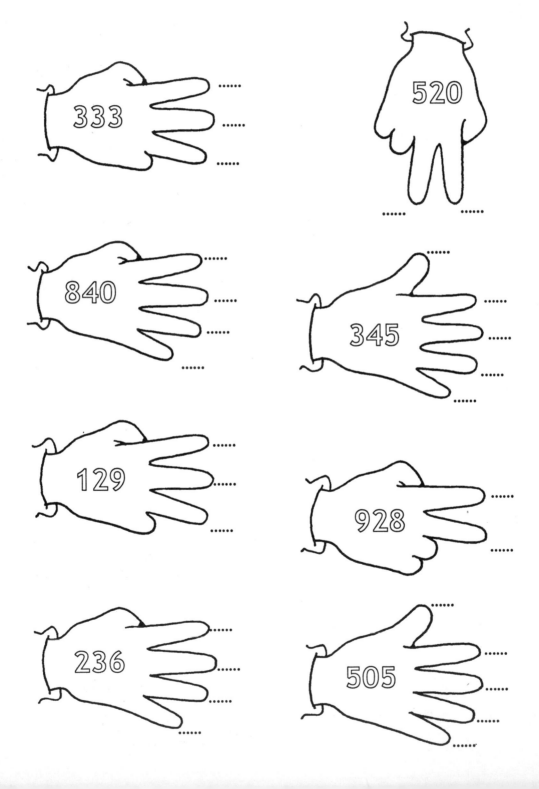

Complète pour chaque nombre ci-dessous, les 2 types d'opérations demandées. Leur solution est égale au nombre indiqué.

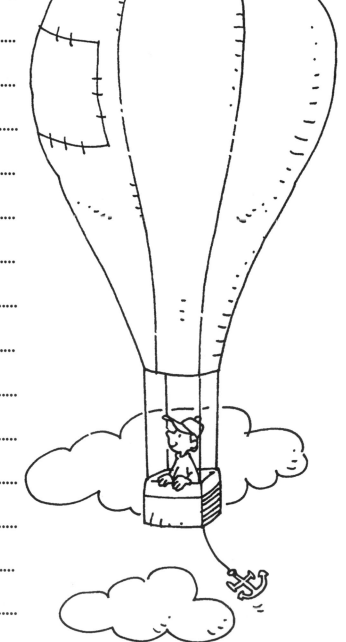

.... X ....

❏ 9 =

.... : ....

.... : ....

❏ 8 =

.... : ....

.... + ...

❏ 238 =

.... - ....

.... - ....

❏ 475 =

.... - ....

.... X ....

❏ 81 =

.... - ....

.... X ....

❏ 40 =

.... X ....

.... + ...

❏ 721 =

.... + ...

.... - ....

❏ 643 =

.... + ...

Inscris l'heure exacte dans la première colonne.
Dessine ensuite les aiguilles dans l'horloge en suivant les indications.

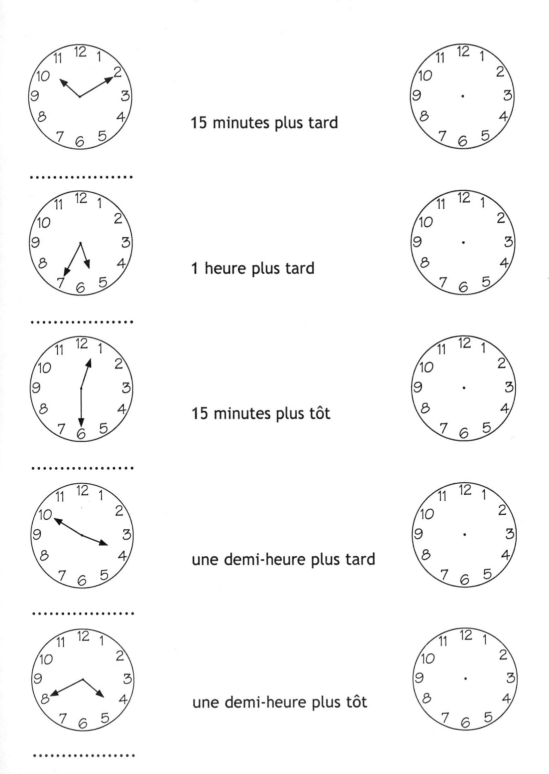

15 minutes plus tard

. . . .

1 heure plus tard

. . . .

15 minutes plus tôt

. . . .

une demi-heure plus tard

. . . .

une demi-heure plus tôt

. . . .

**Choisis dans la grille ci-dessous l'âge
qui correspond à la situation décrite.**

65 ans	2 ans	18 ans	80 ans	quelques minutes
16 ans	6 ans	9 mois	21 ans	1 an

1. Le bébé apprend à s'asseoir. ....

2. Madame Julie m'apprend à lire et à écrire. ....

3. Je marche seul(e). ....

4. Le premier cri. ....

5. J'apprends à conduire une voiture. ....

6. J'apprends la médecine à l'université. ....

7. Je m'habitue à aller seul(e) sur le pot. ....

8. Cette année je prends ma pension. ....

9. Il m'est difficile de marcher sans être soutenu(e). ....

10. Je vais à ma première fête. ....

Complète dans chaque case la fraction exacte et entoure la partie des fruits qui correspond à la fraction.

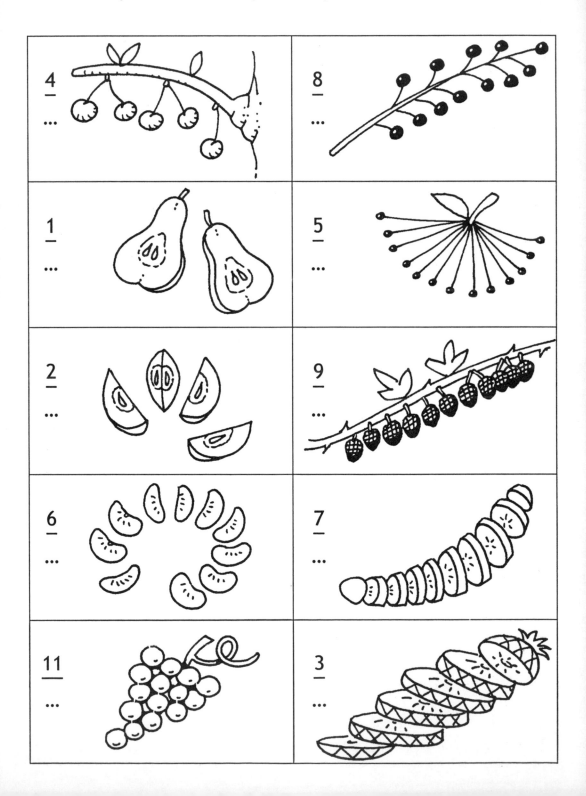

Colorie pour chaque cadre l'exercice et sa solution dans la même couleur.

756	-	156	=	599
829	-	230	=	598
800	-	199	=	601
958	-	360	=	600
917	-	320	=	597

328	+	415	=	745
99	+	647	=	743
315	+	427	=	744
510	+	234	=	746
356	+	389	=	742

6	x	8	=	48
9	x	5	=	50
7	x	7	=	44
10	x	5	=	45
4	x	11	=	49

81	:	9	–	7
40	:	8	=	6
56	:	8	=	9
42	:	7	=	8
32	:	4	=	5

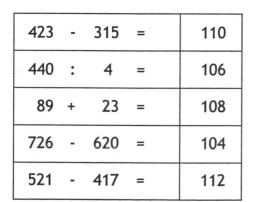

423	-	315	=	110
440	:	4	=	106
89	+	23	=	108
726	-	620	=	104
521	-	417	=	112

11	x	9	=	89
25	+	54	=	99
507	-	438	=	79
311	-	222	=	59
804	-	745	=	69

Résous les calculs suivants de façon à ce que la somme donne à chaque fois le nombre qui se trouve à côté du puzzle.

...	80	25	210
...	...	110	210
55	...	...	210
210	210	210	

...	129	65	344
...	...	201	344
140	...	...	344
344	344	344	

199	...	20	...	656
106	60	...	...	656
...	...	56	320	656
250	...	309	35	656
656	656	656	656	

410	...	...	90	777
...	260	111	...	777
50	130	145	...	777
98	123	...	...	777
777	777	777	777	

250	38	...	140	900
...	410	62	...	900
180	...	...	321	900
...	150	...	100	900
900	900	900	900	

**Colorie à chaque fois le nombre exact
de cases dans la couleur correspondante.
Attention : il faut enlever la fraction des cases
restantes non coloriées que tu dois ensuite
compter après les avoir coloriées.**

Cases non coloriées

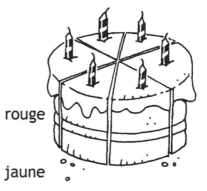

$\dfrac{3}{8}$ de .... = ... cases   rouge

$\dfrac{1}{5}$ de .... = ... cases   jaune

$\dfrac{3}{10}$ de .... = ... cases   brun

$\dfrac{1}{7}$ de .... = ... cases   vert

$\dfrac{1}{4}$ de .... = ... cases   orange

$\dfrac{2}{3}$ de .... = ... cases   bleu

$\dfrac{1}{3}$ de .... = ... cases   mauve

$\dfrac{2}{2}$ de .... = ... cases   noir

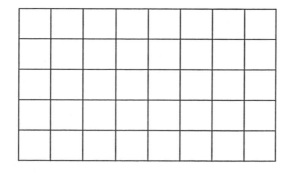

Ajoute à chaque fois dans le sablier les deux nombres différents par lesquels tous les nombres dans le cercle sont divisibles.
Tu peux choisir des nombres entre 2 et 10.

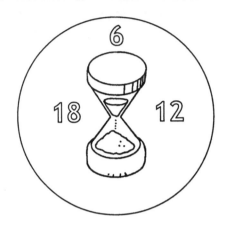

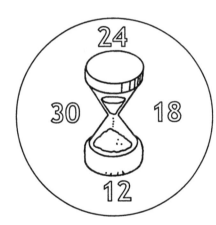

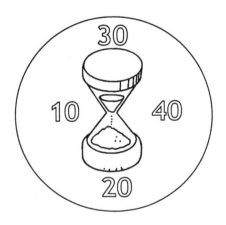

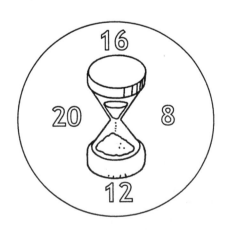

**Aide Marie à faire ses devoirs car elle
ne peut résoudre les problèmes seule.
Inscris à chaque fois dans la deuxième colonne
la matière utilisée et dans la troisième colonne
si le produit est naturel (N) ou synthétique (S).**

Exemple : un livre   en papier   N

une robe en coton		
un chandail en laine		
une chaîne en or		
une tasse en plastique		
une paire de bas nylon		
une nappe en lin		
une bague avec un zircon		
un vase en verre		
une broche en diamant		
un bac plein de charbon		
une poêle en aluminium		
une écharpe en soie		
une bouteille de vin avec bouchon		
un sac en jute		
un pot de peinture acrylique		

Deux groupes de jeunes partent à la découverte de plusieurs pays.
Ils ne restent pas ensemble et ne partent pas le même nombre de
jours. Calcule pour chaque groupe la durée de leur voyage.
N'oublie pas le premier et le dernier jour de voyage et que l'année
n'est pas bissextile. Quel groupe voyage le plus longtemps ?

Emploie un calendrier si nécessaire.

GROUPE 1 :

Jean part le 2 février et arrive le 29 mars = ... jours

Robert part le 5 mars et arrive le premier mai = ... jours

Guy part le 5 juin et arrive le 3 octobre = ... jours

Alain part le 31 juillet et arrive le premier janvier = ... jours

Henri part le 10 août et arrive le 5 septembre = ... jours
_____
Nombre total de jours = ...

GROUPE 2 :

Luc part le 7 février et arrive le 2 juin = ... jours

Marc part le 18 avril et arrive le 19 novembre = ... jours

Alex part le 6 décembre et arrive le 25 mars = ... jours

Pierre part le 28 mai et arrive le 14 octobre = ... jours

Éric part le 13 avril et arrive le 15 août = ... jours
_____
Nombre total de jours = ...

Le groupe qui a voyagé le plus longtemps est le groupe numéro ....